Démasquer le Trouble de la Personnalité Narcissique

Découvrir les signes cachés, les symptômes et les stratégies pour vous protéger de la manipulation émotionnelle et des relations toxiques

Tara Lawson

1

CONTENU

Introduction

Accueillir. Je suis heureux que vous ayez choisi ce livre. Cela signifie que, d'une manière ou d'une autre, vous êtes prêt à franchir une étape cruciale vers la compréhension et la protection de quelque chose qui est souvent difficile à voir mais profondément dommageable : le trouble de la personnalité narcissique (NPD). Que vous soyez ici parce que vous avez vécu la confusion, la douleur et le doute de soi qui découlent d'une relation avec un narcissique, ou simplement parce que vous souhaitez vous renseigner, sachez que vous n'êtes pas seul. Des milliers de personnes parcourent des parcours similaires, et ce livre est là pour vous guider à travers cela avec clarté, empathie et des conseils pratiques.

Comprendre le NPD est essentiel dans le monde d'aujourd'hui, où la manipulation émotionnelle et les relations toxiques sont plus courantes que nous ne voudrions l'admettre. Le narcissisme ne concerne pas seulement une personne vaniteuse ou égocentrique : c'est un trouble de la personnalité complexe qui peut faire des ravages dans la vie de ceux qui se retrouvent mêlés à des individus présentant ces traits. Les effets de la proximité d'une personne atteinte de NPD, qu'il s'agisse d'un partenaire, d'un membre de la famille, d'un ami ou d'un collègue, peuvent être profonds et durables, conduisant à un traumatisme émotionnel dont il peut être difficile de guérir.

Dans mon travail de défenseur de la santé mentale, de thérapeute et de chercheur, j'ai vu d'innombrables personnes dont la vie a été bouleversée par leurs relations avec des narcissiques. Ces personnes viennent souvent me voir avec un sentiment de désespoir, se sentant perdues et ne sachant pas comment reprendre leur vie en main. J'ai vu les larmes, entendu les histoires de manipulation, de gaslighting et de violence psychologique, et j'ai été témoin du long chemin vers le rétablissement qui s'ensuit. Ce livre est né de ces expériences et du désir d'aider le plus grand nombre de personnes possible à parcourir leur propre chemin vers la compréhension, la guérison et, finalement, l'épanouissement au-delà de la portée des abus narcissiques.

Mon parcours pour écrire ce livre n'était pas seulement professionnel mais personnel. Moi aussi, j'ai vécu la confusion, le chagrin et la frustration qui découlent du fait de traiter avec un narcissique. Je sais ce que ça fait d'être pris dans la toile de la manipulation émotionnelle, de remettre en question sa propre réalité et de se demander si on se sentira à nouveau entier un jour. C'est un voyage qui m'a façonné à la fois en tant que professionnel et en tant que personne, et je crois que vous pouvez en sortir plus fort et plus autonome que jamais.

Ce que ce livre offrira

Ce livre est conçu pour vous accompagner pendant que vous explorez les complexités du NPD et ses effets. Il est structuré pour vous faire passer d'un lieu d'incertitude et de confusion à un lieu de compréhension, de force et de résilience. Voici comment nous procéderons :

Tout d'abord, nous approfondirons les principes fondamentaux du trouble de la personnalité narcissique. Nous explorerons ce qu'est le NPD, comment il se manifeste et pourquoi les personnes atteintes de NPD se comportent comme elles le font. Comprendre le trouble est la première étape pour le reconnaître chez les autres et en vous-même, si vous avez été affecté par une personne présentant ces traits. Nous discuterons également des racines du NPD, en examinant les facteurs psychologiques et environnementaux qui contribuent à son développement.

Nous passerons ensuite aux signes et symptômes du NPD. Reconnaître les signaux d'alarme dès le début peut vous éviter bien des douleurs et des chagrins. Vous découvrirez les comportements et les tactiques que les narcissiques utilisent pour contrôler et manipuler ceux qui les entourent – souvent subtilement au début, mais avec des effets dévastateurs au fil du temps. Cette section fournira des exemples concrets et des études de cas pour illustrer comment ces comportements se manifestent dans divers types de relations, des partenariats amoureux à la dynamique familiale et aux interactions sur le lieu de travail.

Comprendre l'impact du NPD sur les victimes est crucial, et nous passerons du temps à examiner le bilan émotionnel et psychologique que peut avoir la proximité d'un narcissique. Que vous soyez aux prises avec les conséquences d'une relation narcissique ou que vous en soyez actuellement dans une relation, cette section vous aidera à identifier les dégâts et à commencer à guérir. Nous discuterons également du concept de syndrome d'abus narcissique, une condition dont souffrent de nombreuses victimes à la suite d'une exposition prolongée à une manipulation narcissique.

Une fois que nous aurons posé les bases, nous passerons aux stratégies pratiques pour vous protéger des manipulations émotionnelles et gérer vos interactions avec les narcissiques. Fixer des limites est essentiel pour préserver votre bien-être, et nous explorerons comment établir et faire respecter ces limites, même lorsque cela semble impossible. Vous apprendrez également des techniques pour vous détacher et vous désengager d'un narcissique, que vous soyez prêt à vous éloigner complètement ou que vous ayez besoin de maintenir un contact limité pour des raisons pratiques.

Guérir et reconstruire après une relation avec un narcissique est un processus, et ce livre vous guidera à travers celui-ci. Nous aborderons les approches thérapeutiques du rétablissement, y compris les stratégies de soins personnels, les options thérapeutiques et les systèmes de soutien qui peuvent vous aider à retrouver votre estime de soi et à reconstruire votre vie. Reconstruire votre estime de soi est une partie essentielle de ce voyage, et vous trouverez des outils et des exercices conçus pour vous aider à retrouver votre confiance et votre estime de soi.

Au fur et à mesure de votre progression dans ce livre, vous apprendrez également à redéfinir vos relations et à établir des relations saines et épanouissantes, exemptes de la toxicité des dynamiques narcissiques. Nous verrons comment reconnaître et éviter les schémas malsains dans les relations futures, et comment cultiver des relations basées sur le respect mutuel, la confiance et l'empathie.

Enfin, nous nous concentrerons sur l'autonomisation. Je veux que vous repartiez de ce livre non seulement avec des connaissances, mais avec un sentiment renouvelé de force et de résilience. Vous avez le pouvoir de vous protéger des abus narcissiques et de créer une vie riche, épanouissante et exempte de toute influence toxique. Nous verrons comment vous pouvez devenir un défenseur de vous-même et des autres, en utilisant votre expérience pour aider les autres à reconnaître et à éviter la manipulation narcissique.

Faire le premier pas vers la conscience de soi et l'autonomisation est un acte courageux, et je vous félicite d'avoir commencé ce voyage. N'oubliez pas que ce livre est là pour vous accompagner à chaque étape du processus. Vous n'êtes pas obligé de vivre cela seul : que vous commenciez tout juste à comprendre le NPD ou que vous soyez en bonne voie de rétablissement, ce guide est conçu pour vous rencontrer là où vous êtes et vous aider à aller de l'avant.

En tournant la page du premier chapitre, sachez que vous faites un pas puissant vers la reconquête de votre vie. Le voyage ne sera pas toujours facile, mais avec les outils et le soutien appropriés, vous pourrez surmonter les défis qui vous attendent. Vous méritez de vivre une vie sans manipulation émotionnelle, et je suis là pour vous aider à y parvenir.

Commençons ce voyage ensemble.

PARTIE I

Comprendre le trouble de la personnalité narcissique

CHAPITRE 1

Qu'est-ce que le trouble de la personnalité narcissique ?

Définir le NPD

Imaginez rencontrer quelqu'un qui semble charmant, confiant et incroyablement sûr de lui. Ils ont une personnalité magnétique, peuvent commander une pièce et semblent tout avoir ensemble. Mais à mesure que vous apprenez à mieux les connaître, vous commencez à remarquer quelque chose de troublant. Ils ont soif d'attention et d'admiration, rejettent ou minimisent les sentiments des autres et ont un besoin intense d'être considérés comme spéciaux ou supérieurs. Lorsque les choses ne se passent pas comme prévu, leur comportement peut devenir manipulateur, voire cruel. Il ne s'agit pas seulement d'une personne ayant une haute estime de soi ou une grande confiance en soi ; il pourrait s'agir d'une personne atteinte d'un trouble de la personnalité narcissique (NPD).

Le NPD est un problème de santé mentale complexe et souvent mal compris. Il est important de préciser que lorsque nous parlons de narcissisme dans ce contexte, nous ne faisons pas seulement référence à quelqu'un qui est vaniteux ou égocentrique – des traits que de nombreuses personnes peuvent manifester occasionnellement. Au lieu de cela, le NPD est un trouble de la personnalité diagnosticable, caractérisé par un modèle omniprésent de grandeur, un besoin constant d'admiration et un manque d'empathie envers les autres. Ces comportements ne sont pas seulement occasionnels, mais sont profondément ancrés dans la personnalité de la personne, affectant ses pensées, ses émotions et ses actions dans divers aspects de la vie.

Le Manuel diagnostique et statistique des troubles mentaux (DSM-5), la principale ressource utilisée par les professionnels de la santé mentale pour diagnostiquer les troubles psychologiques, décrit les critères spécifiques du NPD. Selon le DSM-5, un individu doit présenter au moins cinq des caractéristiques suivantes pour recevoir un diagnostic de NPD :

1. Un sentiment grandiose de suffisance : Ils exagèrent les réalisations et les talents, s'attendant à être reconnus comme supérieurs sans réalisations à la hauteur.

2. Préoccupation pour les fantasmes de succès illimité, de pouvoir, d'éclat, de beauté ou d'amour idéal : Leurs pensées sont souvent consumées par ces fantasmes grandioses.

3. Croyance qu'ils sont « spéciaux » et uniques : Ils croient qu'ils ne peuvent être compris que par d'autres personnes ou institutions spéciales ou de haut rang, ou qu'ils devraient s'associer avec elles.

4. Besoin d'une admiration excessive : Ils ont besoin d'une attention et d'une admiration constantes de la part des autres pour se sentir bien dans leur peau.

5. Sentiment de droit : Ils ont des attentes déraisonnables d'un traitement particulièrement favorable ou d'une conformité automatique à leurs attentes.

6. Comportement d'exploitation interpersonneller : Ils profitent des autres pour parvenir à leurs propres fins.

7. Manque d'empathie : Ils ne veulent pas reconnaître ou s'identifier aux sentiments et aux besoins des autres.

8. Envie des autres ou croyance que les autres les envient : Ils se sentent souvent envieux des succès ou des biens des autres, ou croient que les autres les envient.

9. Comportements ou attitudes arrogants et hautains : Ils manifestent un sentiment de supériorité et considèrent les autres comme inférieurs.

Comprendre ces critères est essentiel car ils mettent en évidence la profonde différence entre une personne qui a une bonne estime de soi et une personne qui répond aux critères diagnostiques du NPD. Une estime de soi saine est enracinée dans une image de soi équilibrée et réaliste, dans laquelle un individu peut apprécier ses forces et reconnaître ses faiblesses. Ils se valorisent mais reconnaissent et respectent également la valeur des autres. En revanche, une personne atteinte de NPD manque de cet équilibre et s'élève souvent aux dépens de son entourage.

Les origines du narcissisme

Le trouble de la personnalité narcissique ne se développe pas du jour au lendemain. C'est le résultat d'une interaction complexe de facteurs génétiques, psychologiques et environnementaux. Pour vraiment comprendre le NPD, il est important d'explorer ces origines et de considérer comment elles contribuent au développement de ce trouble.

- **Expériences d'enfance :** De nombreuses théories sur les origines du NPD font référence aux expériences de la petite enfance. Les enfants qui grandissent avec des parents trop indulgents, qui les louent excessivement sans les ancrer dans la réalité, ou qui les traitent comme s'ils étaient spéciaux et supérieurs aux autres, peuvent développer une estime de soi exagérée. À l'inverse, les enfants qui subissent des critiques extrêmes, de la négligence ou de la violence émotionnelle peuvent également développer des traits narcissiques comme mécanisme de défense. Dans ces cas-là, l'image grandiose de soi sert de bouclier contre les sentiments d'incapacité et de vulnérabilité. Le manque de réponses émotionnelles cohérentes et saines de la part des soignants peut entraver le développement de l'empathie, conduisant au détachement émotionnel caractéristique du NPD.

- **Génétique:** Si les facteurs environnementaux jouent un rôle important, la génétique peut également contribuer au développement du NPD. La recherche a montré que les troubles de la personnalité, y compris le NPD, ont tendance à être héréditaires, ce qui suggère une prédisposition génétique. Cependant, avoir une prédisposition génétique ne garantit pas qu'une personne développera un NPD ; cela signifie simplement qu'ils peuvent être plus vulnérables au trouble, surtout si d'autres facteurs contributifs sont présents.

- **Influences sociétales :** Nous vivons dans une société qui glorifie souvent le succès, le pouvoir et la renommée, des valeurs qui peuvent alimenter les tendances narcissiques. L'essor des médias sociaux a encore amplifié ce phénomène, offrant une plateforme sur laquelle les individus peuvent rechercher l'admiration, la validation et l'attention à grande échelle. Pour une personne ayant des traits narcissiques, le besoin constant d'admiration et de validation peut devenir addictif, renforçant ses comportements et contribuant au développement du NPD. L'accent mis par la société sur la réussite individuelle plutôt que sur le bien-être communautaire ou collectif peut également encourager les comportements narcissiques, car les gens sont souvent récompensés pour leur auto-promotion et leur concurrence impitoyable.

- **Théories et recherches psychologiques :** Plusieurs théories psychologiques donnent un aperçu du développement du NPD. Une théorie importante est **Théorie des relations d'objet**, ce qui suggère que les relations précoces avec les principaux dispensateurs de soins (souvent les parents) façonnent considérablement la personnalité d'un individu. Si ces premières relations sont dysfonctionnelles – caractérisées par une incohérence, une surévaluation ou une négligence émotionnelle – l'enfant peut avoir du mal à se forger une estime de soi cohérente, conduisant à des traits narcissiques à mesure qu'il grandit.

Une autre théorie influente est **Théorie de l'attachement**, qui examine le lien entre les enfants et leurs tuteurs. Un attachement sécurisant, dans lequel l'enfant se sent aimé et valorisé, conduit généralement à un développement émotionnel sain. Cependant, les attachements insécurisants – qu'ils soient anxieux, évitants ou désorganisés – peuvent entraîner des difficultés d'estime de soi, d'identité et d'empathie, qui sont toutes au cœur du NPD.

Comprendre les origines du NPD nous aide à le considérer non pas comme une maladie isolée mais comme le résultat de diverses influences convergeant au fil du temps. Il est important d'aborder le sujet avec compassion, en reconnaissant que les personnes atteintes de NPD ont souvent des blessures psychologiques profondément enracinées. Cependant, cette compréhension souligne également la nécessité de se protéger des effets toxiques que les personnes atteintes de NPD peuvent avoir sur les autres.

À mesure que nous avançons dans ce livre, gardez à l'esprit que la connaissance est votre meilleur outil. Plus vous en saurez sur le NPD, mieux vous serez équipé pour le reconnaître, vous protéger et aider les autres qui pourraient être pris dans sa toile. Ce voyage ne consiste pas seulement à apprendre à relever les défis du NPD, il s'agit également de vous donner les moyens de créer une vie exempte de manipulation et de violence émotionnelle.

CHAPITRE 2

Reconnaître les signes et les symptômes

Le livre de jeu du narcissique

Vous rencontrez quelqu'un de nouveau, peut-être un partenaire romantique potentiel, un ami ou même un nouveau patron. Au début, tout semble parfait. Ils sont charismatiques, engageants et vous donnent le sentiment d'être la personne la plus importante de la pièce. Ils peuvent vous combler de compliments, vous offrir de grands gestes d'affection ou se présenter comme une source de sagesse et de conseils. Mais au fil du temps, vous commencez à remarquer des changements subtils. Leurs compliments se transforment en critiques, leur attention devient imprévisible et vous vous retrouvez à marcher sur des œufs, en essayant toujours de rester dans leurs bonnes grâces. Si cela vous semble familier, vous avez peut-être rencontré une personne atteinte du trouble de la personnalité narcissique (NPD).

Les narcissiques ont un ensemble spécifique de comportements et de stratégies qu'ils utilisent pour naviguer dans leur monde. Ces tactiques forment ce que nous pouvons appeler « le manuel du narcissique ». Comprendre ce manuel est crucial pour reconnaître quand quelqu'un utilise la manipulation, le charme et le contrôle pour atteindre ses objectifs à vos dépens.

Le charme comme arme : Les narcissiques sont souvent extrêmement charmants. Ils savent comment faire une bonne première impression et ils utilisent ce charme comme un outil pour attirer les gens. Ce charme n'est cependant pas authentique : c'est un acte soigneusement conçu conçu pour vous désarmer, pour vous faire confiance et pour donner ils contrôlent. Le charme d'un narcissique est comme l'appât sur un hameçon ; cela a l'air attrayant, mais cela cache quelque chose de beaucoup plus nocif en dessous.

Manipulation et contrôle : Une fois qu'ils vous ont séduit avec leur charme, les narcissiques commencent à utiliser des tactiques plus insidieuses pour garder le contrôle. Cela implique souvent des manipulations, qui peuvent prendre plusieurs formes. Ils peuvent utiliser la flatterie pour vous faire sentir spécial, pour ensuite retirer leur affection pour vous maintenir dans un état d'anxiété et de dépendance. Cette tactique est connue sous le nom de « love-bombing », suivi de « dévaluation ». Au début, vous êtes bombardé d'attention et d'éloges, mais dès qu'ils se sentent en sécurité dans la relation, ils commencent à se retirer, vous laissant confus et désespéré de retrouver leur approbation.

Les narcissiques sont aussi maîtres de **éclairage au gaz**– une technique de manipulation psychologique où ils vous font remettre en question votre propre réalité, vos souvenirs ou vos perceptions. Par exemple, ils pourraient insister sur le fait que quelque chose dont vous savez qu'il s'est produit ne s'est jamais produit, ou ils pourraient déformer vos mots et vous faire douter de vos propres pensées. Au fil du temps, le gaslighting peut éroder votre confiance et vous rendre plus dépendant du narcissique pour la « clarté » et la « vérité », même si ce sont eux qui déforment votre réalité en premier lieu.

Le besoin de contrôle : Le contrôle est au cœur du comportement d'un narcissique. Ils ont besoin de se sentir supérieurs et responsables, et ils y parviennent en dominant les gens qui les entourent. Ce contrôle peut être manifeste, comme dicter ce que vous pouvez et ne pouvez pas faire, ou il peut être plus subtil, comme vous faire culpabiliser de vouloir passer du temps avec vos amis ou votre famille plutôt qu'avec eux. En gardant le contrôle, le narcissique s'assure que ses besoins sont toujours satisfaits, souvent aux dépens de ceux des autres.

Drapeaux rouges dans les relations

Reconnaître dès le début les signaux d'alarme d'un comportement narcissique peut vous éviter beaucoup de douleur et de confusion. Que ce soit dans une relation amoureuse, amicale ou même professionnelle, ces signes avant-coureurs peuvent vous aider à identifier un narcissique avant qu'il ne cause des dégâts importants.

Bombardement d'amour et idéalisation : Comme mentionné précédemment, le bombardement amoureux est l'un des premiers signes de comportement narcissique dans les relations amoureuses. Le narcissique vous comblera d'attention, de compliments et de cadeaux, vous donnant l'impression d'avoir trouvé le partenaire idéal. Mais il ne s'agit pas ici d'une véritable affection ; c'est une question de contrôle. En vous donnant l'impression d'être au sommet du monde, le narcissique prépare le terrain pour l'inévitable phase de dévaluation, où il commencera à retenir cette affection, vous laissant désireux de ressentir l'effet que vous aviez autrefois.

Manque d'empathie : Un autre signal d'alarme majeur est le manque d'empathie. Les narcissiques ne sont pas capables de véritablement comprendre ou de se soucier des sentiments des autres. Dans une relation, cela peut se manifester par le fait qu'ils rejettent vos émotions, invalident vos expériences ou même vous blâment pour leur propre mauvais comportement. Par exemple, si vous exprimez que quelque chose qu'ils vous ont fait vous a blessé, ils pourraient répondre par : « Vous êtes trop sensible » ou « Vous réagissez de manière excessive ». Ce manque d'empathie peut vous faire sentir isolé et sans soutien, comme si vos sentiments n'avaient pas d'importance.

Projection et rejet des reproches : Les narcissiques projettent souvent leurs propres traits négatifs sur les autres. S'ils ne se sentent pas en sécurité, ils pourraient vous accuser d'être jaloux ou indigne de confiance. S'ils sont en colère, ils pourraient dire que c'est vous qui êtes déraisonnable. Cette projection est un mécanisme de défense qui permet au narcissique d'éviter d'assumer la responsabilité de ses propres actes. En plus de la projection, ils sont des experts en matière de transfert de responsabilité, où chaque problème dans la relation est en quelque sorte de votre faute. Ce changement constant de blâme peut vous amener à vous sentir coupable et confus, même si vous n'avez rien fait de mal.

Vous isoler des autres : Un narcissique essaiera souvent de vous isoler de vos amis, de votre famille et des autres systèmes de soutien. Cela peut se faire de manière subtile, en critiquant vos proches ou en vous culpabilisant de passer du temps avec eux. Au fil du temps, cet isolement fait que vous devenez plus dépendant du narcissique, avec moins de perspectives extérieures pour contester son contrôle sur vous.

Pour donner vie à ces concepts, examinons quelques exemples concrets et études de cas illustrant comment le comportement narcissique se manifeste dans différents types de relations.

Relations amoureuses : Il y a une dame nommée Tara qui a rencontré Patrick lors d'une fête, et il l'a rapidement balayée par son charme et son attention. Ils étaient inséparables et Patrick donnait à Tara le sentiment qu'elle était la personne la plus spéciale au monde. Ils ont noué une relation, mais après quelques années, les choses ont commencé à changer. Patrick a commencé à critiquer l'apparence de Tara, à remettre en question ses décisions et à devenir de plus en plus contrôlante. Il se mettrait en colère si elle passait du temps avec ses amis, l'accusant de ne pas se soucier de leur relation. Lorsque Tara essayait de lui parler de ce qu'elle ressentait, Patrick écartait ses inquiétudes, lui disant qu'elle était trop sensible. Au fil du temps, Tara est devenue isolée et peu sûre d'elle, essayant toujours de plaire à Patrick et d'éviter sa colère. Ce n'est que lorsqu'elle a commencé des recherches sur le narcissisme et demandé conseil à un professionnel qu'elle a réalisé que le comportement de Patrick correspondait aux signes classiques du NPD.

Relations professionnelles : Un autre exemple que j'aimerais utiliser est celui de David qui a été ravi lorsqu'il a décroché un emploi dans une entreprise prestigieuse, sous la direction d'une cadre bien connue nommée Julia. Au début, Julia semblait être le mentor idéal : compétente, prospère et désireuse d'aider David à progresser dans sa carrière. Mais au fil du temps, David a remarqué que Julia s'attribuait le mérite de son travail, dévalorisait ses idées et posait des exigences déraisonnables. Elle s'attendait à ce que David soit disponible à toute heure, et lorsqu'il ne pouvait pas répondre à ses attentes, elle lui faisait publiquement honte lors des réunions. Malgré son charme extérieur, le besoin de contrôle et d'admiration de Julia la rendait impossible à satisfaire. David a finalement réalisé que le comportement de Julia n'était pas normal et il a commencé à fixer des limites, ce qui n'a fait que la rendre encore plus hostile. Reconnaître le narcissisme de Julia grâce à certaines stratégies professionnelles a aidé David à protéger son estime de soi et finalement à trouver un environnement de travail plus sain.

Ces exemples soulignent l'importance de reconnaître dès le début les comportements narcissiques. Que ce soit dans les relations personnelles ou professionnelles, comprendre les signes et symptômes du NPD peut vous aider à vous protéger de la manipulation et du contrôle émotionnels.

CHAPITRE 3

L'impact du NPD sur les victimes

Le trouble de la personnalité narcissique (TNP) n'est pas seulement une condition difficile pour ceux qui vivent avec, c'est aussi une force profondément dommageable dans la vie des personnes qui interagissent avec des narcissiques, en particulier celles qui entretiennent des relations étroites avec eux. Les effets du fait d'être dans l'orbite d'un narcissique peuvent être durables, voire dévastateurs, touchant tous les aspects du bien-être émotionnel, psychologique et social d'une personne. Comprendre ces impacts est crucial pour toute personne ayant subi un abus narcissique ou essayant de soutenir quelqu'un qui en a été victime. Dans ce chapitre, nous explorerons les conséquences émotionnelles et psychologiques de l'interaction avec des narcissiques, approfondirons les effets à long terme de telles relations et discuterons des mécanismes d'adaptation que les victimes développent souvent.

Conséquences émotionnelles et psychologiques

Le premier et le plus immédiat impact d'une relation avec un narcissique est les dommages émotionnels et psychologiques qui s'accumulent avec le temps. Les narcissiques savent manipuler les émotions de leurs victimes, les laissant souvent confuses, isolées et profondément blessées.

Comprendre le traumatisme et les dommages émotionnels

Au cœur des dommages émotionnels infligés par les narcissiques se trouve un profond sentiment de trahison. Les victimes entrent souvent en relation avec des narcissiques pendant une période de « bombardement d'amour », où le narcissique les submerge d'affection, d'attention et d'éloges. Cette phase crée un lien émotionnel puissant et un fort sentiment de confiance. Cependant, à mesure que la vraie nature du narcissique émerge, ce lien s'érode systématiquement. L'affection se transforme en critique, l'attention devient manipulation et les éloges sont remplacés par des remarques dénigrantes. Les victimes se questionnent sur leur propre valeur, cherchant constamment à retrouver l'approbation et l'amour que le narcissique leur a accordés autrefois.

Ce processus n'est pas seulement douloureux sur le plan émotionnel ; cela peut également conduire à ce que l'on appelle **« syndrome d'abus narcissique ».** Ce terme décrit un ensemble de symptômes couramment ressentis par ceux qui ont été soumis à des abus narcissiques prolongés. Ces symptômes peuvent inclure des sentiments chroniques de honte et de culpabilité, un sentiment d'indignité et une peur écrasante d'abandon. Les victimes peuvent également souffrir de dissonance cognitive, c'est-à-dire le stress psychologique lié aux croyances contradictoires à propos du narcissique (par exemple, « Ils m'aiment » contre « Ils me font du mal »).

Le concept de « syndrome d'abus narcissique »

Le syndrome d'abus narcissique est une condition complexe et souvent mal comprise. Il est important de reconnaître que ce syndrome n'est pas le résultat d'une faiblesse ou d'un défaut de caractère de la victime. C'est plutôt une conséquence directe des tactiques manipulatrices employées par le narcissique. Ces tactiques – gaslighting, triangulation et renforcement intermittent – sont conçues pour déstabiliser l'estime de soi de la victime, la rendant plus dépendante du narcissique pour la validation et le soutien.

Éclairage au gaz, par exemple, implique que le narcissique nie la réalité, amenant la victime à remettre en question sa propre mémoire, sa perception et sa santé mentale. La triangulation, en revanche, est une tactique par laquelle le narcissique fait entrer un tiers dans la dynamique relationnelle pour créer de la jalousie et de la compétition, sapant encore davantage la confiance et l'estime de soi de la victime. **Renforcement intermittent**– où le narcissique alterne entre des périodes de comportement positif et négatif – maintient la victime dans un état de trouble émotionnel, en espérant toujours que la « bonne » version du narcissique reviendra.

Au fil du temps, ces tactiques peuvent laisser la victime se sentir impuissante, confuse et émotionnellement dépendante du narcissique. Le traumatisme de cette expérience peut être profond, entraînant une série de problèmes psychologiques qui peuvent persister longtemps après la fin de la relation.

Effets à long terme

Les dommages émotionnels et psychologiques infligés par les narcissiques ne disparaissent pas seulement à la fin de la relation. En fait, les effets à long terme de la violence narcissique peuvent être encore plus difficiles à gérer, car ils impliquent souvent des changements profonds dans la santé mentale et la perception de soi de la victime.

Anxiété, dépression et érosion de l'estime de soi

L'un des effets à long terme les plus courants de la maltraitance narcissique est **anxiété chronique**. Les victimes peuvent se retrouver constamment nerveuses, craignant d'être critiquées ou rejetées, même dans des situations où elles sont en sécurité et soutenues. Cette anxiété peut s'accompagner de **dépression**, alors que les victimes luttent pour concilier leurs expériences avec le narcissique avec leur propre estime de soi. La dévaluation constante qu'ils ont subie peut conduire à un profond sentiment de désespoir et de désespoir.

Un autre effet important à long terme est l'érosion de **estime de soi**. Les victimes intériorisent souvent la vision négative du narcissique à leur égard, conduisant à un sentiment persistant d'inadéquation. Ils peuvent croire qu'ils ne sont pas aimables, qu'ils méritent le traitement qu'ils ont reçu ou qu'ils ont intrinsèquement des défauts d'une manière ou d'une autre. Cette faible estime de soi peut affecter tous les domaines de leur vie, des relations personnelles aux efforts professionnels, ce qui rend difficile pour eux de faire confiance à eux-mêmes ou aux autres.

Mécanismes d'adaptation développés par les victimes

Pour survivre aux assauts psychologiques d'une relation avec un narcissique, les victimes développent souvent des mécanismes d'adaptation. Certains de ces mécanismes peuvent être adaptatifs et sains, tandis que d'autres peuvent être inadaptés et nuisibles à long terme.

Un mécanisme d'adaptation courant est **engourdissement émotionnel**. Confrontées à des critiques et à des manipulations constantes, les victimes peuvent commencer à mettre de côté leurs émotions afin de se protéger. Bien que cela puisse apporter un soulagement temporaire, cela peut également conduire à un sentiment de déconnexion de soi et des autres, rendant difficile l'expérience de la joie, de l'amour ou de l'épanouissement dans le futur.

Un autre mécanisme d'adaptation est **hypervigilance**. Les victimes d'abus narcissiques deviennent souvent extrêmement sensibles aux humeurs et aux comportements de ceux qui les entourent, recherchant constamment des signes de danger ou de désapprobation. Si cette hyperconscience peut les aider à éviter d'autres dommages, elle peut également les maintenir dans un état d'anxiété constant, incapables de se détendre ou de se sentir en sécurité.

Du côté positif, certaines victimes développent **résilience** et un fort sentiment de conscience de soi. Grâce à la thérapie, aux groupes de soutien ou à la réflexion personnelle, ils apprennent à reconnaître les signes d'un comportement narcissique, à fixer des limites et à se protéger des dangers futurs. Ils peuvent également développer une compréhension plus profonde de leurs propres besoins et désirs, conduisant ainsi à des relations plus saines et plus épanouissantes à l'avenir.

L'impact du trouble de la personnalité narcissique sur ses victimes est profond et de grande envergure. Des conséquences émotionnelles et psychologiques immédiates aux effets à long terme sur la santé mentale et l'estime de soi, les dommages causés par la maltraitance narcissique sont réels et importants. Cependant, comprendre ces impacts est la première étape vers la guérison et le rétablissement. En reconnaissant les signes et les symptômes de la maltraitance narcissique, les victimes peuvent commencer à retrouver leur identité, à reconstruire leur vie et à se protéger des dangers futurs.

PARTIE II

Se protéger de la manipulation émotionnelle

CHAPITRE 4

Comprendre la manipulation émotionnelle

La manipulation émotionnelle est l'un des outils les plus insidieux de l'arsenal d'un narcissique. Il s'agit d'une forme de guerre psychologique, souvent si subtile et calculée que les victimes ne réalisent même pas qu'elles sont contrôlées tant que le mal n'est pas déjà fait.

Tactiques de manipulation

Les narcissiques sont des maîtres manipulateurs, utilisant diverses tactiques psychologiques pour garder le contrôle sur leurs victimes. Ces tactiques ne sont pas seulement conçues pour manipuler les émotions de leurs cibles, mais également pour déformer leur perception de la réalité, détruisant ainsi leur estime de soi et leur autonomie.

1. **Éclairage au gaz :** L'une des tactiques les plus connues et les plus dévastatrices utilisées par les narcissiques est le gaslighting. Ce terme, dérivé du film de 1944 **Lampe à gaz**, fait référence à une forme de manipulation dans laquelle l'agresseur fait douter la victime de sa propre mémoire, de sa perception et de sa santé mentale. Cela commence souvent de manière subtile – peut-être que le narcissique nie avoir dit quelque chose qu'il a clairement fait ou insiste sur le fait que la victime est « trop sensible » ou « réagit de manière excessive ». Au fil du temps, ces petits refus et rejets s'accumulent, amenant la victime à remettre en question sa réalité et à s'appuyer de plus en plus sur le narcissique pour plus de « clarté ». Cette érosion de la confiance en soi est un moyen puissant de maintenir la victime désorientée et dépendante.

2. **Bombardement d'amour :** Au début d'une relation, de nombreux narcissiques s'engagent dans une tactique connue sous le nom de love bombing. Cela implique de submerger la cible d'affection, d'attention et de flatterie excessives. La victime est bouleversée, ayant le sentiment d'avoir trouvé le partenaire ou l'ami idéal. L'intensité de cette phase crée un lien émotionnel fort et prépare le terrain pour de futures manipulations. La victime devient émotionnellement investie et profondément attachée, ce qui rend beaucoup plus difficile pour elle de partir lorsque la vraie nature du narcissique commence à faire surface.

3. **Triangulation :** Une autre tactique courante est la triangulation, où le narcissique amène une troisième personne dans la dynamique relationnelle pour créer de la jalousie, de

l'insécurité ou de la compétition. Ce tiers pourrait être un autre intérêt amoureux, un ami, un membre de la famille ou même une personne fictive. Le narcissique peut utiliser cet individu pour provoquer un sentiment d'inadéquation chez la victime, suggérant qu'elle est moins valorisée ou moins importante que le tiers. Cette tactique non seulement sape la confiance de la victime, mais elle l'isole également en semant la méfiance et la suspicion dans ses relations avec les autres.

4. **Dévaluation et rejet :** Après la phase initiale d'idéalisation, où le narcissique place sa victime sur un piédestal, commence la phase de dévalorisation. Le narcissique commence à critiquer, rabaisser et saper la victime, utilisant souvent les informations obtenues pendant la phase de bombardement amoureux

pour cibler ses insécurités. L'objectif est de maintenir la victime déséquilibrée et dépendante, en s'efforçant constamment de regagner l'approbation du narcissique. Finalement, le narcissique peut se débarrasser complètement de la victime, mettant ainsi fin brusquement à la relation et laissant la victime confuse et dévastée. Ce cycle d'idéalisation, de dévalorisation et de rejet est une caractéristique des relations narcissiques.

Le cycle de la maltraitance

Comprendre le cycle de la maltraitance est essentiel pour reconnaître les modèles de comportement qui maintiennent les victimes piégées dans une relation narcissique. Ce cycle se compose généralement de trois étapes : idéalisation, dévaluation et rejet. Chaque étape répond à un objectif spécifique : maintenir le contrôle du narcissique sur sa victime.

- **Idéalisation:** Pendant la phase d'idéalisation, le narcissique met sa victime sur un piédestal, la comblant d'éloges, d'affection et d'attention. La victime se sent spéciale, choisie et valorisée. Cette étape est enivrante, créant un lien émotionnel profond et donnant à la victime le sentiment d'avoir trouvé quelqu'un qui la comprend et l'aime vraiment. Cependant, cette phase n'est pas authentique : il s'agit d'une tactique calculée pour prendre le contrôle et préparer le terrain pour de futures manipulations.

- **Dévaluation:** Une fois la victime solidement attachée, le narcissique entame la phase de dévalorisation. Les éloges et l'affection sont remplacés par la critique, le blâme et la négligence émotionnelle. Le narcissique peut devenir de plus en plus distant, maussade ou même cruel. La victime, autrefois idéalisée, se retrouve désormais à marcher sur des œufs, essayant constamment de plaire au narcissique et de regagner ses faveurs. Cette phase est profondément déroutante et douloureuse, car la victime tente de réconcilier la personne aimante qu'elle a connue autrefois avec l'individu froid et critique auquel elle est désormais confrontée.

- **Jeter:** La dernière étape du cycle est la mise au rebut. Une fois que le narcissique a extrait toutes les ressources émotionnelles, psychologiques ou matérielles qu'il souhaitait de la victime, il peut mettre fin brusquement à la relation. Cela pourrait se produire soudainement, sans avertissement, laissant la victime le cœur brisé et désorientée. La phase d'abandon est souvent suivie par le narcissique à la recherche d'une nouvelle victime, tandis que l'ancienne victime doit ramasser les morceaux de son estime de soi et de son sens de la réalité brisés.

L'impact psychologique du cycle

Le cycle de la maltraitance est psychologiquement dévastateur. Les victimes se sentent souvent piégées, oscillant entre les sommets de la phase d'idéalisation et les creux écrasants de la dévaluation. L'imprévisibilité du comportement du narcissique maintient la victime dans un état constant d'anxiété et de confusion, érodant son estime de soi et rendant de plus en plus difficile pour elle de quitter la relation.

Au fil du temps, ce cycle peut entraîner de graves problèmes de santé mentale, notamment la dépression, l'anxiété et le trouble de stress post-traumatique (SSPT). Les victimes peuvent également développer une forme d'impuissance acquise, dans laquelle elles se sentent impuissantes à changer leur situation, croyant qu'elles sont responsables des abus ou qu'elles le méritent. Ce sentiment d'impuissance est précisément ce que recherche le narcissique, car il garantit son contrôle continu sur la victime.

Reconnaître la manipulation dans votre propre vie

Reconnaître ces tactiques de manipulation et le cycle d'abus dans votre propre vie est la première étape pour vous libérer d'une relation narcissique. Il est important de se rappeler que la manipulation émotionnelle n'est pas de votre faute et que vous n'êtes pas seul. De nombreuses personnes ont été dans votre situation et ont réussi à reprendre leur vie du contrôle narcissique.

La sensibilisation est essentielle. En comprenant les tactiques utilisées par les narcissiques et le cycle qu'ils perpétuent, vous pouvez commencer à comprendre les comportements manipulateurs et prendre des mesures pour vous protéger. Cela peut impliquer de fixer des limites fermes, de rechercher le soutien d'amis ou de professionnels de confiance ou, dans certains cas, de couper complètement les liens avec le narcissique.

Le voyage vers la guérison et l'autonomisation commence par la connaissance. En apprenant à reconnaître les signes de manipulation émotionnelle et en comprenant l'impact psychologique du cycle narcissique d'abus, vous pouvez commencer à reprendre le contrôle de votre vie et évoluer vers un avenir plus sain et plus épanouissant.

CHAPITRE 5

Fixer des limites

Fixer des limites est l'un des outils les plus puissants que vous puissiez utiliser pour vous protéger de la manipulation et de la violence émotionnelle qui accompagnent souvent une relation avec un narcissique. Que le narcissique soit un partenaire, un membre de la famille, un ami ou un collègue, établir des limites claires et fermes est essentiel au maintien de votre bien-être mental et émotionnel.

Pourquoi les limites sont importantes

Les frontières sont les lignes invisibles qui définissent où s'arrêtent vos besoins et vos droits et où commencent ceux de quelqu'un d'autre. Ils sont essentiels pour maintenir votre estime de soi et garantir que vos besoins sont respectés dans toute relation. Lorsqu'il s'agit d'avoir affaire à un narcissique, les limites ne sont pas seulement importantes : elles sont vitales. Sans eux, un narcissique peut facilement dépasser vos limites, vous laissant dépassé, contrôlé et épuisé émotionnellement.

Les narcissiques prospèrent grâce au contrôle et considèrent souvent les limites comme une menace pour leur capacité à manipuler et à dominer. Ils pourraient considérer votre tentative de fixer des limites comme un acte de défi, quelque chose à contester ou à ignorer. Cette réaction peut rendre particulièrement difficile l'établissement de limites avec un narcissique, mais elle souligne également à quel point elles sont nécessaires.

Les limites remplissent plusieurs objectifs clés pour vous protéger des abus narcissiques :

1. Préserver votre autonomie : Les limites vous aident à maintenir votre estime de soi. Ils vous rappellent, à vous et au narcissique, que vous êtes un individu avec vos propres besoins, désirs et droits. Ceci est particulièrement important car les narcissiques tentent souvent de brouiller les frontières entre eux et les autres, s'attendant à ce que leurs besoins soient à tout moment prioritaires.

2. Limiter l'accès à vos ressources émotionnelles : Sans limites, un narcissique peut drainer votre énergie émotionnelle, vous laissant épuisé et vulnérable. Les limites agissent comme un bouclier, empêchant le narcissique d'avoir un accès illimité à vos émotions et à votre espace mental.

3. Établir le respect : Les limites sont un moyen d'affirmer votre droit à être traité avec respect. En fixant des limites claires à ce que vous tolérerez et ce que vous ne tolérerez pas, vous envoyez un message puissant selon lequel vous vous attendez à être traité avec dignité et que vous ne vous laisserez pas maltraiter.

4. Réduire la manipulation : Lorsque vous établissez des limites, il est plus difficile pour le narcissique de vous manipuler. En indiquant clairement quel comportement est acceptable et ce qui ne l'est pas, vous réduisez leur capacité à appuyer sur vos boutons et à exploiter vos émotions.

Comment les narcissiques réagissent généralement aux limites

Il est important de comprendre que les narcissiques ne réagissent pas aux limites de la même manière que les individus émotionnellement sains. Parce qu'ils se considèrent comme supérieurs et ayant droit à tout ce qu'ils veulent, ils réagissent souvent négativement à toute tentative de limiter leur contrôle.

Voici quelques réactions courantes que vous pourriez rencontrer :

- **Colère et rage :** Les narcissiques peuvent se mettre en colère lorsque vous fixez des limites, y voyant une attaque personnelle ou un défi à leur autorité. Ils pourraient s'en prendre à vous, essayer de vous culpabiliser, de vous intimider ou de vous faire sentir égoïste en affirmant vos besoins.

- **Manipulation et culpabilisation :** Les narcissiques sont des manipulateurs habiles et peuvent essayer de vous culpabiliser et de faire marche arrière. Ils pourraient jouer le rôle de la victime, vous accuser d'être indifférent ou déraisonnable, ou utiliser des faveurs passées pour vous obliger à répondre à leurs demandes.

- Ignorer la frontière : Dans certains cas, un narcissique peut simplement ignorer complètement la frontière, prétendant qu'elle n'existe pas. Ils pourraient continuer à se comporter comme ils l'ont toujours fait, en espérant que vous finirez par céder ou cesser d'essayer de faire respecter la frontière.

- Tester votre détermination : Les narcissiques testent souvent les limites pour voir à quel point elles sont fermes. Ils pourraient repousser vos limites, essayant de voir si vous les appliquerez de manière cohérente ou s'ils peuvent vous amener à vous plier à leur volonté.

Malgré ces réactions, il est crucial de rester ferme sur vos limites. N'oubliez pas que le but de fixer des limites n'est pas de changer le comportement du narcissique – ce qui est souvent impossible – mais de vous protéger et de protéger votre bien-être.

Stratégies pratiques pour fixer des limites

Fixer des limites avec un narcissique nécessite une planification minutieuse, une communication claire et une détermination inébranlable.

Voici un guide étape par étape pour vous aider à créer et à appliquer des limites efficacement :

1. Identifiez vos limites : Commencez par identifier les limites que vous devez définir. Considérez les domaines de votre vie où le comportement du narcissique cause le plus de tort. Cela peut inclure de limiter la fréquence à laquelle vous les voyez, de refuser de participer à certaines conversations ou de fixer des limites aux types de faveurs que vous êtes prêt à leur accorder.

2. Communiquez clairement et calmement : Lorsque vous communiquez vos limites, soyez clair, concis et calme. Évitez de devenir émotif ou de vous lancer dans des disputes. Énoncez votre limite en termes simples et expliquez les conséquences si elle n'est pas respectée. Par exemple, vous pourriez dire : *« Je ne suis pas disposé à discuter davantage de ce sujet. Si vous continuez, je devrai quitter la conversation.*

3. Anticipez le refoulement : Attendez-vous à ce que le narcissique essaie de tester vos limites. Soyez prêt à affronter la résistance et ayez un plan sur la façon dont vous réagirez. N'oubliez pas que la réaction du narcissique n'est pas le reflet de la validité de vos limites, c'est le reflet de son désir de contrôle.

4. Soyez cohérent : La cohérence est essentielle lors du respect des limites. Si vous permettez au narcissique de franchir une frontière une fois sans conséquence, il continuera à pousser. Respectez vos limites, même lorsque cela est difficile, et respectez toutes les conséquences que vous avez fixées.

5. Pratiquez les soins personnels : Fixer et faire respecter des limites peut être épuisant sur le plan émotionnel, surtout lorsqu'il s'agit d'un narcissique. Assurez-vous de donner la priorité aux soins personnels pendant ce processus. Cela peut inclure de rechercher le soutien d'un thérapeute, de passer du temps avec des amis qui vous soutiennent ou de participer à des activités qui vous apportent joie et détente.

6. Sachez quand partir : Dans certains cas, le comportement du narcissique peut être si toxique que la seule façon de se protéger est de s'éloigner complètement de la relation. C'est une décision difficile, mais elle est parfois nécessaire pour préserver votre santé mentale et émotionnelle. Faites confiance à votre instinct et faites ce qui est le mieux pour vous.

Scripts et exemples pour gérer les conversations difficiles

Avoir quelques scénarios en tête peut faciliter la gestion des conversations difficiles avec un narcissique. Voici quelques exemples de la façon dont vous pourriez affirmer vos limites :

- **Limite : limiter le contact**: *« J'ai besoin d'espace en ce moment et je ne pourrai pas répondre à vos appels aussi fréquemment. Je reviendrai quand je serai prêt à parler.*

- **Frontière : Refuser de s'engager dans des disputes :** *« Je ne suis pas disposé à discuter de cela. Si nous ne pouvons pas en discuter calmement, je vais quitter la conversation.*

- Limite : Demandes en baisse : *« Je ne suis pas en mesure de vous aider pour le moment. Je me concentre sur mes propres priorités et je ne peux assumer aucune responsabilité supplémentaire.*

- Limite : Fin de la manipulation : *«Je n'apprécie pas d'être coupable ou sous pression. Si vous continuez à essayer de me manipuler, je devrai me distancier de cette conversation.*

Ces scripts peuvent vous aider à garder le contrôle de la conversation et à affirmer vos limites sans vous laisser entraîner dans les jeux narcissiques.

Fixer des limites avec un narcissique n'est pas facile, mais c'est l'une des mesures les plus efficaces que vous puissiez prendre pour vous protéger. En comprenant pourquoi les limites sont importantes et en apprenant à les fixer efficacement, vous pouvez commencer à reprendre le contrôle de votre vie et réduire l'impact du comportement du narcissique sur votre bien-être. N'oubliez pas que vous avez le droit de protéger votre santé mentale et émotionnelle, et fixer des limites est un élément crucial de ce processus. Pendant que vous poursuivez ce voyage, restez fort, restez cohérent et donnez toujours la priorité à votre propre bien-être.

CHAPITRE 6

Se détacher et se désengager

Quitter une relation avec un narcissique est l'une des décisions les plus difficiles et les plus courageuses que vous puissiez prendre. C'est une décision qui nécessite non seulement de la force mentale, mais aussi une profonde compréhension du moment et de la manière de s'en aller. Dans ce chapitre, nous explorerons le processus de détachement et de désengagement d'un narcissique. Nous expliquerons comment reconnaître quand une relation est trop toxique pour être sauvée et proposerons des stratégies pratiques pour mettre fin à la relation de manière sûre et efficace, tout en protégeant votre santé mentale.

Quand s'éloigner

Il y a un moment dans chaque relation avec un narcissique où l'on réalise que les choses ne vont pas changer. Peu importe à quel point vous avez essayé de fixer des limites, de communiquer vos besoins ou même de rechercher une aide extérieure, le cycle de manipulation et d'abus continue. Reconnaître ce moment est crucial, mais agir en conséquence l'est encore plus.

S'éloigner d'un narcissique peut donner l'impression que vous êtes sur le point de descendre d'une falaise vers l'inconnu. Les défis émotionnels sont immenses. Vous pourriez être inondé de doute, de culpabilité ou de peur des répercussions. Les narcissiques ont une façon de vous faire sentir que c'est vous qui êtes en faute ou que les quitter entraînera des conséquences catastrophiques. Mais il est important de comprendre que ces sentiments font partie des tactiques de manipulation du narcissique, conçues pour vous maintenir piégé dans la relation.

Reconnaître la toxicité

Avant de pouvoir vous désengager, vous devez reconnaître quand une relation est devenue trop toxique pour être sauvée. Voici quelques signes indiquant qu'il est peut-être temps de partir :

- **Abus émotionnel persistant :** Si le narcissique vous rabaisse constamment, vous fait sentir sans valeur ou vous incite à remettre en question votre réalité, ce sont des signes clairs de violence psychologique. Ce type de comportement n'est pas quelque chose que vous pouvez corriger, et le supporter ne fera qu'éroder davantage votre estime de soi.

- **Manque de respect des limites :** Si vous avez fixé des limites et que le narcissique les ignore continuellement, c'est une forte indication qu'il ne vous respecte pas. Les limites sont essentielles à toute relation saine, et si le narcissique refuse de les honorer, cela montre un manque de respect pour votre bien-être.

- Manipulations constantes : Les narcissiques sont des maîtres manipulateurs. Ils peuvent utiliser des tactiques comme la culpabilisation, le chantage émotionnel ou jouer le rôle de la victime pour vous garder sous leur contrôle. Si vous remettez constamment en question vos décisions ou si vous vous sentez manipulé pour faire des choses qui vous mettent mal à l'aise, c'est le signe que la relation nuit à votre santé mentale.

- Peur de représailles : Si vous avez peur de la réaction du narcissique si vous essayez de partir ou d'affirmer votre indépendance, c'est le signe que la relation est malsaine. Personne ne devrait vivre dans la peur des réactions de son partenaire ou se sentir piégé dans une relation par peur.

Les défis émotionnels du départ

Quitter un narcissique n'est pas seulement un acte physique ; c'est un voyage émotionnel. Vous pourriez ressentir un sentiment de culpabilité écrasant, surtout si le narcissique vous a conditionné à croire que son bien-être dépend de vous. Vous pouvez également craindre de vous retrouver seul ou vous inquiéter des implications sociales et financières d'un départ. Ces émotions sont valables, mais il est important de se rappeler qu'elles font partie de la manipulation à laquelle vous avez été soumis.

L'un des aspects les plus difficiles du fait de quitter un narcissique est de gérer l'emprise psychologique qu'il exerce sur vous. Les narcissiques utilisent souvent des tactiques comme le love bombing (vous submergeant d'affection et de promesses de changement) pour vous ramener juste au moment où vous êtes prêt à partir. Il est important de reconnaître ces tactiques pour ce qu'elles sont : des tentatives pour reprendre le contrôle et vous maintenir dans le cycle de la maltraitance.

Stratégies de désengagement

Une fois que vous avez reconnu qu'il est temps de partir, l'étape suivante consiste à vous désengager de manière sûre et efficace. Se désengager d'un narcissique nécessite une planification minutieuse, un soutien et un engagement à protéger votre santé mentale.

Voici quelques conseils pratiques pour vous aider tout au long du processus :

1. Faites un plan

Avant de partir, faites un plan détaillé. Cela peut inclure la recherche d'un logement, la garantie de la stabilité financière et la collecte de tous les documents importants. Si vous partagez des finances ou des biens avec le narcissique, envisagez de demander des conseils juridiques pour comprendre vos droits et vos options.

2. Réduire les contacts

Une fois que vous avez pris la décision de partir, minimisez autant que possible les contacts avec le narcissique. Cela peut impliquer de bloquer leur numéro, de ne plus les suivre ou de les bloquer sur les réseaux sociaux et d'éviter les endroits où vous pourriez les rencontrer. Si vous devez maintenir un certain niveau de contact (par exemple, si vous partagez des enfants), gardez une communication brève, factuelle et axée sur la logistique.

3. Fixez des limites claires

Si vous ne pouvez pas couper complètement tout contact, il est important de fixer et de faire respecter des limites claires. Faites savoir au narcissique quelles formes de communication sont acceptables et quels sujets sont interdits. Par exemple, vous pourriez décider que vous ne discuterez que de questions liées aux responsabilités partagées (comme la coparentalité) et que toute conversation personnelle ou émotionnelle sera exclue.

4. Rechercher de l'aide

Quitter un narcissique est éprouvant sur le plan émotionnel et vous n'êtes pas obligé de le faire seul. Recherchez le soutien d'amis de confiance, de membres de votre famille ou d'un thérapeute. Un réseau de soutien peut vous apporter un soutien émotionnel, vous aider à rester fort et vous rappeler pourquoi vous prenez cette décision en cas de doute.

5. Concentrez-vous sur votre guérison

Se désengager d'un narcissique n'est que le début de votre voyage. Après votre départ, il est important de vous concentrer sur votre guérison et sur la reconstruction de votre estime de soi. Cela peut impliquer une thérapie, des pratiques de soins personnels et le fait de vous entourer d'influences positives. N'oubliez pas que le but n'est pas seulement d'échapper au narcissique, mais de reprendre votre vie en main et de commencer un nouveau chapitre rempli de relations saines et épanouissantes.

6. Préparez-vous au contrecoup

Les narcissiques n'apprécient souvent pas d'être laissés pour compte. Ils pourraient tenter de riposter, que ce soit par la manipulation émotionnelle, la propagation de rumeurs ou même des formes plus directes de harcèlement. Préparez-vous à cette éventualité et ayez un plan en place pour vous protéger. Cela peut inclure la documentation des interactions, la recherche d'une protection juridique ou l'implication des forces de l'ordre si nécessaire.

7. Restez résolu

L'une des choses les plus importantes à retenir est de rester déterminé dans votre décision. Les narcissiques sont experts pour vous faire revenir, utilisant souvent la culpabilité, des promesses de changement ou même des menaces. Mais il est crucial de se rappeler pourquoi vous avez décidé de partir en premier lieu. Tenez un journal, parlez à votre réseau de soutien et rappelez-vous les raisons pour lesquelles vous choisissez de vous désengager.

Comment minimiser les contacts et protéger votre santé mentale

Minimiser les contacts avec un narcissique est essentiel pour protéger votre santé mentale. Même après que vous ayez quitté la relation, le narcissique peut tenter de rétablir le contact, soit pour vous ramener, soit pour continuer à exercer un contrôle sur vous. Voici quelques moyens de vous protéger :

- **Utilisez la méthode "Grey Rock":** Si vous devez interagir avec le narcissique, gardez vos réponses aussi neutres et inintéressantes que possible. Le but est de vous rendre aussi ennuyeux et insensible qu'un rocher gris. Cette méthode peut aider à réduire l'intérêt du narcissique à interagir avec vous.

- **Pratiquez les soins personnels :** Prendre soin de votre santé mentale devrait être votre priorité absolue. Participez à des activités qui vous font du bien, qu'il s'agisse de passer du temps avec vos proches, de pratiquer des passe-temps ou simplement de prendre le temps de vous détendre et de vous ressourcer.

- **Rechercher de l'aide professionnelle :** La thérapie peut être un outil précieux pour vous aider à gérer vos émotions et à développer des stratégies pour aller de l'avant. Un thérapeute peut également vous aider à faire face à tout traumatisme persistant lié à la relation.

- **Évitez les déclencheurs :** Identifiez et évitez les situations ou les personnes qui pourraient déclencher des souvenirs du narcissique ou vous rendre vulnérable à son influence. Cela peut signifier couper les liens avec des amis communs ou éviter les endroits que vous fréquentiez ensemble.

Se désengager d'un narcissique est un puissant acte d'auto-préservation. Ce n'est pas facile et les défis émotionnels peuvent être insurmontables, mais c'est une étape nécessaire pour reprendre votre vie en main et protéger votre bien-être.

Savoir quand s'éloigner, élaborer un plan solide et mettre en œuvre des stratégies pratiques de désengagement peut vous aider à vous libérer du cycle de manipulation et à commencer à construire un avenir plus sain et plus heureux. N'oubliez pas que vous méritez d'être traité avec respect et que vous avez le droit de fixer les limites qui protègent votre santé mentale et émotionnelle.

Restez fort, restez concentré et faites un pas à la fois vers la liberté et la paix que vous méritez.

PARTIE III

Guérison et reconstruction

CHAPITRE 7

La voie du rétablissement

Lorsque vous êtes engagé dans une relation avec un narcissique, les conséquences peuvent ressembler à un tourbillon de confusion, de douleur et de désorientation. Le chemin vers le rétablissement n'est ni facile ni rapide, mais il est essentiel pour retrouver votre estime de soi et aller de l'avant.

Reconnaître les dégâts

La première étape vers le rétablissement consiste à reconnaître toute l'étendue des dommages causés par le narcissique. Il ne s'agit pas seulement de comprendre ce qui s'est passé en surface ; il s'agit d'approfondir l'impact émotionnel et psychologique que la relation a eu sur vous. Les cicatrices laissées par un narcissique sont profondes et affectent souvent votre estime de soi, votre confiance dans les autres et même votre perception de la réalité.

Reconnaître les cicatrices émotionnelles

Il est essentiel de reconnaître que la douleur que vous ressentez est réelle et valable. Les narcissiques ont une façon de minimiser ou de rejeter le mal qu'ils causent, vous donnant souvent l'impression de réagir de manière excessive ou d'être trop sensible. Mais les cicatrices émotionnelles qu'ils laissent derrière eux peuvent être profondes et se manifester de diverses manières, telles que :

- **Doute de soi et insécurité :** Les narcissiques érodent souvent votre confiance en eux à cause de critiques, de manipulations et d'éclairages constants. Vous pourriez vous retrouver à remettre en question votre valeur, à douter de vos capacités ou à avoir l'impression que vous ne pouvez pas faire confiance à votre propre jugement.

- **Problèmes de confiance :** Après avoir subi la trahison et la tromperie d'un narcissique, il est courant d'avoir du mal à faire confiance aux autres. Vous pourriez avoir du mal à croire que quelqu'un puisse vraiment se soucier de vous ou craindre que vous soyez à nouveau blessé.

- **Engourdissement émotionnel :** Certains survivants d'abus narcissiques deviennent émotionnellement engourdis en guise de mécanisme de défense. Cela peut rendre difficile la connexion avec vos sentiments, à la fois positifs et négatifs, et peut créer un sentiment de détachement de vous-même et des autres.

<u>Comprendre le processus de deuil</u>

Quitter une relation avec un narcissique implique souvent un processus de deuil complexe. Ce chagrin ne concerne pas seulement la perte de la relation elle-même, mais aussi le deuil de la personne que vous pensiez être le narcissique, de l'avenir que vous envisagiez et des parties de vous-même qui ont été diminuées ou perdues en cours de route.

Le processus de deuil est profondément personnel et il n'y a pas de bonne ou de mauvaise façon de le traverser. Cependant, comprendre que le deuil est un élément naturel et nécessaire du rétablissement peut vous aider à traverser cette période difficile. Permettez-vous de ressentir toute la gamme des émotions qui accompagnent le chagrin : colère, tristesse, confusion et même soulagement. Ces sentiments font tous partie du parcours de guérison.

Étapes vers la guérison

Guérir d'un abus narcissique n'est pas un processus linéaire. Il y aura des hauts et des bas, des moments de progrès et des moments où vous vous sentirez coincé. Cependant, en prenant des mesures proactives pour prendre soin de votre bien-être mental et émotionnel, vous pouvez progressivement reconstruire votre vie et retrouver votre estime de soi.

Approches thérapeutiques de la guérison

La thérapie peut être un outil précieux dans le processus de rétablissement. Un thérapeute qualifié peut vous aider à gérer le traumatisme que vous avez vécu, à explorer les problèmes sous-jacents qui vous ont rendu vulnérable aux abus narcissiques et à développer des stratégies pour reconstruire votre vie. Voici quelques approches thérapeutiques particulièrement efficaces pour les survivants d'abus narcissiques :

- **Thérapie cognitivo-comportementale (TCC) :** La TCC peut vous aider à identifier et à remettre en question les schémas de pensée négatifs enracinés par le narcissique. En reconnaissant ces schémas, vous pouvez commencer à les remplacer par des modes de pensée plus sains et plus constructifs.

- **Désensibilisation et retraitement par les mouvements oculaires (EMDR) :** L'EMDR est une thérapie qui peut vous aider à traiter et à guérir des expériences traumatisantes. Il est particulièrement efficace pour ceux qui ont subi des abus émotionnels prolongés, car il aide à désensibiliser la charge émotionnelle des souvenirs douloureux.

- **Thérapie tenant compte des traumatismes :** Cette approche thérapeutique reconnaît l'impact du traumatisme sur votre santé mentale et se concentre sur la création d'un environnement sûr et favorable à la guérison. Un thérapeute informé en traumatologie travaillera avec vous pour comprendre la manière dont la maltraitance vous a affecté et vous aidera à développer des stratégies d'adaptation pour gérer les déclencheurs et la détresse émotionnelle.

Le rôle des soins personnels

Prendre soin de soi est un élément essentiel du processus de guérison. Après avoir subi des abus narcissiques, il est courant de se sentir déconnecté de ses besoins et de ses désirs. Renouer avec vous-même grâce aux soins personnels peut vous aider à reconstruire votre sentiment d'identité et votre estime de soi. Voici quelques pratiques de soins personnels qui peuvent soutenir votre rétablissement :

- **Pleine conscience et méditation :** Pratiquer la pleine conscience et la méditation peut vous aider à rester ancré dans le moment présent et à réduire l'anxiété. Ces pratiques peuvent également vous aider à renouer avec votre corps et vos émotions, favorisant ainsi un sentiment de paix intérieure.

- **Activité physique :** Pratiquer une activité physique régulière, qu'il s'agisse de yoga, de course ou de danse, peut améliorer votre humeur et vous aider à libérer les émotions refoulées. L'exercice est également un excellent moyen de reconstruire votre sentiment de force et de résilience.

-   **Expression créative :** Trouver un moyen
    d'expression créative, comme écrire, peindre
    ou jouer de la musique, peut être un moyen
    puissant de traiter vos émotions et de raconter
    votre histoire. La créativité peut vous aider à
    récupérer votre voix et à exprimer les parties
    de vous-même qui ont été réduites au silence
    par le narcissique.

-   **Fixer des limites :** Pendant que vous
    guérissez, il est important de continuer à fixer
    et à faire respecter des limites, à la fois avec
    le narcissique (s'il est toujours dans votre vie)
    et avec les autres. Les limites protègent votre
    bien-être émotionnel et vous aident à
    entretenir des relations saines.

L'importance des groupes de soutien

Se connecter avec d'autres personnes qui ont vécu
des expériences similaires peut être incroyablement

curatif. Les groupes de soutien pour les survivants d'abus narcissiques offrent un espace sûr pour partager votre histoire, recevoir une validation et apprendre des autres qui sont plus avancés dans leur rétablissement. Ces groupes peuvent également offrir des conseils et des ressources pratiques, vous aidant à vous sentir moins isolé et plus autonome dans votre parcours de guérison.

Les groupes de soutien peuvent être trouvés à la fois en ligne et en personne, et se présentent sous diverses formes, allant des groupes de thérapie formels aux rassemblements informels dirigés par des pairs. Trouver un groupe qui vous correspond peut vous apporter un soutien émotionnel indispensable et vous aider à bâtir un réseau d'individus compréhensifs et compatissants.

Aller de l'avant

Alors que vous poursuivez votre chemin vers le rétablissement, il est important d'être patient avec vous-même et de reconnaître que la guérison est un voyage et non une destination. Il y aura des jours où vous vous sentirez fort et résilient, et des jours où le poids du passé vous semblera écrasant. Les deux font partie du processus normal.

N'oubliez pas que le rétablissement ne consiste pas seulement à quitter le narcissique ; il s'agit de redécouvrir qui vous êtes et de vous réapproprier votre vie. Il s'agit de trouver la joie, la paix et l'épanouissement selon vos propres conditions, sans l'influence du narcissique. Ce voyage demandera du temps, des efforts et du courage, mais il vous mènera finalement à un lieu d'autonomisation et d'amour-propre.

En reconnaissant les dégâts, en adoptant les étapes de la guérison et en recherchant le soutien dont vous avez besoin, vous pouvez surmonter la douleur de la maltraitance narcissique et construire un avenir meilleur et plus sain.

Le chemin vers le rétablissement est peut-être long, mais chaque pas que vous faites vous rapproche de la vie que vous méritez : une vie remplie d'authenticité, de joie et de liberté d'être votre vrai moi.

CHAPITRE 8

Reconstruire votre estime de soi

Sortir de l'ombre des abus narcissiques peut donner l'impression d'entrer dans la lumière après des années dans l'obscurité. Le voyage est à la fois intimidant et exaltant, alors que vous commencez à récupérer les parties de vous-même qui ont été ensevelies sous le poids de la manipulation et du contrôle. Ce chapitre porte sur la redécouverte de votre vrai moi, la reconstruction de votre estime de soi et l'adoption de la vie que vous méritez.

Restaurer votre estime de soi

Après avoir enduré la guerre émotionnelle et psychologique d'une relation narcissique, il est courant de se sentir comme une coquille de soi-même. Les critiques constantes, le gaslighting et la manipulation peuvent vous priver de votre confiance en vous, vous laissant remettre en question votre valeur et vos capacités. Mais voici la vérité : la personne que vous étiez avant les abus, celle pleine de potentiel et de force, est toujours en vous. Reconstruire votre estime de soi, c'est renouer avec cette personne et nourrir votre estime de soi.

Techniques pour reconstruire la confiance en soi et l'estime de soi

Reconstruire la confiance en soi et l'estime de soi après un abus narcissique nécessite de la patience et des efforts intentionnels. Voici quelques techniques pour vous aider dans ce voyage :

1. Affirmez votre valeur : Commencez par reconnaître votre valeur intrinsèque. Vous êtes digne d'amour, de respect et de bonheur simplement parce que vous existez. Pratiquez des affirmations quotidiennes qui renforcent cette croyance. Par exemple, chaque matin, regardez-vous dans le miroir et dites : *"Je suis assez. Je mérite d'être traité avec gentillesse et respect."* Ces affirmations simples peuvent progressivement remodeler la façon dont vous vous percevez.

2. Fixez-vous de petits objectifs réalisables : Reconstruire la confiance en soi commence souvent par de petites victoires. Fixez-vous des objectifs réalistes et réalisables qui vous permettent de connaître régulièrement le succès. Qu'il s'agisse d'accomplir une tâche au travail, d'essayer un nouveau passe-temps ou de participer à des activités sociales, chaque réalisation vous aidera à reprendre confiance en vos capacités.

3. Célébrez vos forces : Prenez le temps de réfléchir à vos forces et à vos réalisations, grandes et petites. Créez une liste des choses dont vous êtes fier : les qualités, les compétences et les réalisations qui vous définissent. Chaque fois que le doute vous envahit, revisitez cette liste pour vous rappeler votre résilience et vos capacités.

4. Entourez-vous d'influences positives : Les personnes avec qui vous passez du temps peuvent avoir un impact considérable sur votre estime de soi. Recherchez des amis, de la famille et des communautés qui vous encouragent et vous soutiennent. Ces influences positives peuvent aider à contrecarrer les messages négatifs que vous avez intériorisés de la part du narcissique.

5. Pratiquez l'auto-compassion : Soyez gentil avec vous-même pendant que vous guérissez. Comprenez que la récupération est un processus avec ses hauts et ses bas. Lorsque vous trébuchez ou rencontrez un revers, traitez-vous avec la même compassion que vous offririez à un ami. N'oubliez pas qu'il n'y a rien de mal à ne pas aller bien tout le temps.

L'importance de l'auto-compassion et d'un discours intérieur positif

L'un des effets les plus insidieux de l'abus narcissique est la façon dont il déforme votre dialogue interne. Vous avez peut-être intériorisé les critiques du narcissique, conduisant à une voix intérieure dure et critique. Réécrire ce récit est essentiel pour reconstruire votre estime de soi.

1. Défiez le discours intérieur négatif : Lorsque vous vous surprenez à avoir des pensées négatives, remettez-les au défi. Demandez-vous, *« Cette pensée est-elle vraie ? Est-ce utile ?* Remplacez les pensées négatives par des affirmations positives qui reflètent votre vraie valeur.

2. Pratiquez la pleine conscience : La pleine conscience peut vous aider à devenir plus conscient de vos pensées et de vos sentiments sans jugement. En observant votre dialogue interne avec compassion, vous pouvez commencer à vous libérer des schémas négatifs et à cultiver une relation plus positive avec vous-même.

3. Embrassez l'imperfection : Le perfectionnisme naît souvent de la peur de ne pas être à la hauteur. Comprenez qu'être humain signifie faire des erreurs et avoir des défauts. Acceptez vos imperfections comme faisant partie de ce qui vous rend unique et adorable.

Créer une nouvelle vie

Reconstruire votre estime de soi est la base pour créer une nouvelle vie, une vie saine, épanouissante et exempte de la toxicité du passé. Au fur et à mesure que vous guérissez, vous avez la possibilité de redéfinir ce que vous attendez de la vie et de construire des relations basées sur le respect mutuel et l'amour.

Comment aller de l'avant et créer des relations saines et épanouissantes

Aller de l'avant après un abus narcissique implique plus que simplement laisser le passé derrière soi ; il s'agit de créer activement un avenir qui correspond à vos valeurs et à vos désirs. Voici comment commencer :

1. **Définissez vos limites :** Les limites sont essentielles à des relations saines. Prenez le temps de réfléchir à ce dont vous avez besoin pour vous sentir en sécurité et respecté dans vos interactions avec les autres. Soyez clair sur vos limites et n'ayez pas peur de les faire respecter. N'oubliez pas que les limites ne visent pas à empêcher les gens d'entrer, mais à protéger votre bien-être.

2. **Poursuivez vos passions :** Renouez avec les activités et les intérêts qui vous apportent de la joie. Qu'il s'agisse d'un passe-temps, d'un objectif de

carrière ou d'une activité créative, investir du temps dans ce que vous aimez vous aidera à redécouvrir votre sens du but et de votre épanouissement.

3. Établissez des relations de soutien : Recherchez des relations réciproques et enrichissantes. Entourez-vous de personnes qui respectent vos limites, célèbrent vos réussites et vous soutiennent en cas de besoin. Ces relations contribueront à renforcer votre estime de soi et constitueront une base solide pour votre nouvelle vie.

4. Pratiquez l'amour-propre : À mesure que vous avancez, continuez à pratiquer l'amour-propre. Cela signifie faire des choix qui donnent la priorité à votre bien-être, honorer vos besoins et vous traiter avec la gentillesse et le respect que vous méritez.

<u>Conseils pour trouver de la joie et un but après une relation toxique</u>

Trouver de la joie et un but après une relation toxique peut sembler une tâche ardue, mais c'est possible avec du temps et des efforts intentionnels. Voici quelques conseils pour vous guider :

1. Explorez de nouveaux intérêts : Essayez de nouvelles activités qui vous mettent au défi et vous passionnent. Qu'il s'agisse de suivre un cours, de voyager dans un nouvel endroit ou de faire du bénévolat, sortir de votre zone de confort peut ouvrir de nouvelles possibilités et vous aider à découvrir de nouvelles passions.

2. Concentrez-vous sur la croissance personnelle : Profitez de ce temps pour investir dans votre croissance personnelle. Lisez des livres, assistez à des ateliers ou travaillez avec un coach ou un thérapeute pour explorer les domaines de votre vie que vous souhaitez améliorer. La croissance personnelle est un voyage qui peut conduire à une plus grande conscience de soi et à un plus grand épanouissement.

3. Célébrez les petites victoires : Pendant que vous travaillez à créer une nouvelle vie, célébrez vos progrès en cours de route. Chaque pas en avant, aussi petit soit-il, est une victoire. Reconnaissez vos efforts et soyez fier de la résilience et de la force dont vous avez fait preuve pour reconstruire votre vie.

4. Cultivez la gratitude : Pratiquer la gratitude peut déplacer votre attention de ce qui manque vers ce qui est abondant dans votre vie. Prenez le temps chaque jour de réfléchir aux choses pour lesquelles vous êtes reconnaissant, qu'il s'agisse d'un ami qui vous soutient, d'un magnifique coucher de soleil ou d'une réussite personnelle. La gratitude peut vous aider à trouver de la joie dans le moment présent et à cultiver une vision positive de la vie.

Avancer avec espoir

Reconstruire votre estime de soi et créer une nouvelle vie après un abus narcissique est un acte puissant d'amour-propre et de résilience. Il s'agit de récupérer votre identité, de redécouvrir vos passions et de forger un avenir qui reflète votre vraie valeur. Pendant que vous poursuivez ce voyage, rappelez-vous que la guérison ne consiste pas seulement à s'éloigner du passé, il s'agit également d'avancer vers la vie que vous avez toujours méritée.

À chaque pas en avant, vous guérissez non seulement des blessures du passé, mais vous construisez également les bases d'un avenir plus brillant et plus épanouissant. Ce voyage peut être difficile, mais c'est aussi l'occasion de redécouvrir votre force, d'exploiter votre potentiel et de vivre une vie qui vous ressemble authentiquement.

PARTIE IV

S'épanouir au-delà du narcissisme

CHAPITRE 9

Redéfinir les relations

Comme brièvement raconté dans les premiers chapitres de ce livre sur la relation de Tara. Pour aller plus loin, après cela, elle s'était finalement libérée d'une relation qui l'avait consumée pendant des années – une relation avec un homme qui, au début, lui avait semblé parfait à tous points de vue. Mais à mesure que les saisons changeaient, lui aussi, révélant les schémas toxiques qui l'avaient épuisée émotionnellement et remettant en question sa propre valeur.

Alors qu'elle était assise dans le café, Tara réalisa qu'elle était à l'aube d'un nouveau départ. La question était : comment pourrait-elle s'assurer que ses prochaines relations seraient différentes ? Comment pourrait-elle établir des liens qui l'élèveraient plutôt que de la diminuer ?

Établir des liens sains

Le parcours de Tara vers la reconstruction de sa vie a commencé avec une profonde compréhension de ce à quoi ressemblait réellement une relation saine. Elle se souvenait des premiers jours avec son ex, quand son charme était enivrant. Mais le charme seul, réalisa-t-elle, ne suffisait pas. Une relation saine devait être construite sur une base de respect mutuel, de confiance et d'empathie – des qualités qui manquaient cruellement dans sa relation précédente.

En réfléchissant à ces qualités, Tara a pensé à sa meilleure amie, Emily. Ils se connaissaient depuis l'enfance et, malgré les vents et les marées, leur amitié avait perduré. Ce qui le rendait si spécial, se dit Tara, c'était la façon dont ils respectaient les limites de chacun et se soutenaient mutuellement dans leur croissance. Il n'y a pas eu de lutte de pouvoir, pas besoin de manipuler ou de contrôler. Leur relation était basée sur un véritable souci du bien-être de chacun.

C'était ce genre de relation que Tara aspirait désormais à cultiver dans tous les domaines de sa vie. Que ce soit avec un partenaire amoureux, un membre de la famille ou un collègue, elle savait qu'elle devait être vigilante pour reconnaître les signes d'une dynamique toxique. Elle avait appris à ses dépens que tous ceux qui entraient dans sa vie n'avaient pas à cœur son meilleur intérêt. Mais elle savait aussi qu'elle n'était plus la même personne qui s'était laissée manipuler et contrôler.

Dans les mois qui ont suivi sa rupture, Tara a commencé à prêter plus d'attention à ce que les gens lui faisaient ressentir. L'ont-ils élevée ou ont-ils vidé son énergie ? Ont-ils respecté ses limites ou l'ont-ils poussée à se plier à leur volonté ? Ces questions sont devenues sa boussole, la guidant dans ses nouvelles relations. Elle a réalisé qu'il ne s'agissait pas seulement d'éviter les personnes toxiques ; il s'agissait également de rechercher activement ceux qui incarnaient les qualités de confiance, d'empathie et de respect.

Un soir, Tara a rencontré quelqu'un de nouveau : David, quelqu'un qui a également travaillé avec un homme narcissique. Il a dû partir pour un meilleur environnement de travail, heureusement David et Tara étaient collègues dans son nouveau lieu de travail. David, qui l'avait toujours traitée avec gentillesse et respect. Ils ont commencé comme amis, partageant des pauses-café et des conversations sur tout, des projets de travail à leurs livres préférés et expériences antérieures. Il n'y avait aucune précipitation, aucune pression pour transformer leur amitié en quelque chose de plus. Pour la première fois depuis longtemps, Tara se sentait en sécurité. Elle se sentait vue et valorisée pour qui elle était, pas pour ce que quelqu'un d'autre voulait qu'elle soit.

Au fur et à mesure que leur amitié s'approfondissait, Tara s'est retrouvée à s'ouvrir d'une manière qu'elle n'avait jamais pu faire auparavant. Elle a partagé ses expériences, ses craintes et ses espoirs pour l'avenir. Et en retour, David a écouté, vraiment écouté. Il n'y a eu aucun jugement, aucune tentative de la réparer ou de la transformer en quelqu'un d'autre. Au lieu de cela, il lui a offert son soutien, ses encouragements et, surtout, le respect de ses limites.

C'est grâce à cette relation que Tara a appris une leçon précieuse : que des relations saines sont non seulement possibles, mais qu'elles sont également essentielles à la guérison et à la croissance. Elle a réalisé qu'elle avait le pouvoir de choisir qui elle laissait entrer dans sa vie et qu'elle pouvait construire des relations basées sur les principes qui lui tenaient le plus à cœur.

Le pouvoir du pardon

Alors que Tara continuait à reconstruire sa vie, elle s'est retrouvée aux prises avec un dernier défi : le pardon. C'était un mot qui avait toujours semblé chargé de complexité. Comment pouvait-elle pardonner à quelqu'un qui lui avait causé tant de douleur ? Et le pardon signifiait-il oublier la blessure et permettre à cette personne de réintégrer sa vie ?

Pendant des semaines, Tara s'est débattue avec ces questions. Elle savait que retenir sa colère et son ressentiment ne faisait que la blesser, mais l'idée de pardonner à son ex semblait impossible. Ce n'est que lorsqu'elle a participé à un groupe de soutien pour les survivants d'abus narcissiques qu'elle a commencé à voir le pardon sous un nouveau jour.

Au cours d'une séance, une autre survivante a raconté comment elle en était parvenue à pardonner à son agresseur, non pas parce qu'il le méritait, mais parce qu'elle méritait la paix. Elle a expliqué que le pardon ne consistait pas à excuser le comportement ou à se réconcilier avec la personne qui l'avait blessée. Il s'agissait de libérer l'emprise que le passé avait sur elle et de choisir d'avancer sans que le poids de la colère ne l'entraîne vers le bas.

Cette perspective a profondément résonné chez Tara. Elle réalisa que le pardon ne concernait pas lui ; c'était à propos d'elle. Il s'agissait de reconquérir son pouvoir et de refuser de laisser le passé définir son avenir. Et ainsi, dans le calme de son cœur, elle a commencé le processus de lâcher prise.

Cela n'a pas été facile et cela ne s'est pas fait du jour au lendemain. Il y avait des jours où la colère éclatait à nouveau, où les souvenirs menaçaient de la replonger dans l'obscurité. Mais à chaque fois, Tara se rappelait que le pardon était un cadeau qu'elle s'offrait à elle-même. C'était la clé pour ouvrir la porte de sa nouvelle vie, une vie libérée de l'ombre de son passé.

Au fil des mois, Tara a constaté que l'emprise du passé se relâchait. Elle commença à sourire davantage, à rire sans le poids de l'amertume. Elle trouvait de la joie dans les petites choses : une promenade dans le parc, un repas partagé avec des amis, un moment tranquille de réflexion. Et chaque jour qui passait, elle se sentait de plus en plus comme la personne qu'elle avait toujours voulu être : forte, confiante et en paix.

En fin de compte, le voyage de Tara n'était pas seulement une question de survie ; il s'agissait de prospérer. Elle avait appris à redéfinir ses relations, à choisir des relations qui nourrissaient son âme plutôt que de la vider. Et elle avait découvert le pouvoir du pardon, non pas comme un acte de faiblesse, mais comme un acte d'une force incroyable.

En repensant à son voyage, Tara savait qu'elle avait parcouru un long chemin. Elle avait affronté les ténèbres et émergé dans la lumière. Et maintenant, alors qu'elle se tenait au seuil d'un nouveau chapitre de sa vie, elle se sentait prête à embrasser tout ce que l'avenir lui réservait, sachant qu'elle était plus forte, plus sage et plus résiliente que jamais.

CHAPITRE 10

S'autonomiser et s'autonomiser pour les autres

Dans les moments calmes du petit matin, Tara se retrouvait souvent à réfléchir au chemin qu'elle avait parcouru. La femme qu'elle était désormais se sentait très éloignée de celle qui avait été autrefois piégée dans la toile de la manipulation narcissique. Elle s'était battue dur pour reprendre sa vie et, en chemin, elle avait découvert une force dont elle ignorait l'existence. Mais alors qu'elle regardait vers l'horizon, Tara a réalisé que son voyage ne concernait pas seulement sa propre guérison, mais quelque chose de bien plus grand. Il s'agissait d'utiliser son expérience pour responsabiliser les autres, pour s'assurer que personne d'autre n'ait à endurer ce qu'elle avait vécu. Il s'agissait de devenir un défenseur.

Devenir un défenseur

Tara Je savais qu'il y en avait d'innombrables autres qui étaient toujours empêtrés dans des relations toxiques et qui avaient du mal à comprendre la nature insidieuse de l'abus narcissique. Elle repensa à sa propre expérience : à quel point elle s'était sentie isolée, à quel point il avait été difficile de nommer ce qui lui arrivait. Ce n'est que grâce à l'éducation et au soutien d'autres personnes ayant suivi le même chemin qu'elle a pu se libérer. Et maintenant, Tara ressentait une profonde responsabilité d'être cette source de connaissances et de soutien pour les autres.

Un jour, alors qu'elle était assise dans un café local avec une amie qui traversait une période difficile, Tara s'est retrouvée à partager son histoire. Elle a parlé ouvertement des défis auxquels elle avait été confrontée, des signaux d'alarme qu'elle avait ignorés et du moment où elle a finalement décidé de partir. Son amie écoutait attentivement, les yeux écarquillés de reconnaissance. "J'ai l'impression que quelque chose ne va pas dans ma relation", a-t-elle avoué. « Mais je ne savais pas ce que c'était. Je pensais que c'était juste moi.

C'est alors que Tara a réalisé à quel point son histoire pouvait être puissante. En s'exprimant, elle pourrait aider les autres à voir la vérité dans leur propre situation, à reconnaître les signes d'abus narcissique avant qu'il ne soit trop tard. Elle a commencé à réfléchir à d'autres façons de faire une différence. Elle pourrait créer un blog, écrire des articles ou même faire du bénévolat auprès de groupes de soutien locaux. Les possibilités étaient infinies.

Au fil du temps, Tara s'est retrouvée à s'impliquer davantage dans le travail de plaidoyer. Elle a participé à des ateliers sur la violence psychologique, a découvert l'impact psychologique des relations narcissiques et s'est connectée avec des organisations dédiées au soutien des survivants. Elle a commencé à prendre la parole lors d'événements, partageant son parcours et offrant des conseils pratiques sur la façon de reconnaître et d'échapper aux abus narcissiques. Chaque fois qu'elle parlait, elle se sentait un peu plus forte, un peu plus confiante dans sa capacité à aider les autres.

Grâce à ce travail, Tara a rencontré de nombreuses personnes incroyables – survivants, thérapeutes et défenseurs – qui étaient toutes engagées dans le même objectif : briser le cycle de la maltraitance. Ils ont partagé leurs histoires, leurs stratégies de guérison et leurs rêves d'un avenir où la manipulation narcissique serait reconnue et affrontée à chaque instant. Ensemble, ils formèrent une communauté de guerriers, chacun se consacrant à la protection des personnes vulnérables et à l'autonomisation de ceux qui avaient été blessés.

Mais le plaidoyer ne consistait pas seulement à s'exprimer : il s'agissait également d'éducation. Tara savait que beaucoup de gens ne comprenaient pas ce qu'était le trouble de la personnalité narcissique (NPD), et encore moins comment l'identifier dans leur propre vie. Elle a commencé à se concentrer sur la sensibilisation, en créant des ressources facilement accessibles à toute personne qui en avait besoin. Qu'il s'agisse de rédiger un guide sur les signes avant-coureurs d'un comportement narcissique ou de développer un atelier pour adolescents sur la dynamique relationnelle saine, Tara était déterminée à faire la différence.

Ses efforts ne sont pas passés inaperçus. Les gens ont commencé à lui demander conseil, la remerciant d'avoir fait la lumière sur un sujet souvent gardé sous silence. À chaque message, Tara ressentait un sentiment renouvelé de détermination. Elle n'était plus une victime ; elle était une survivante, une enseignante, une défenseure du changement.

Vivre une vie sans influence narcissique

Tandis que Tara poursuivait son travail, elle prenait également le temps de célébrer sa propre croissance. Cela n'a pas été un voyage facile, mais elle est sortie des ténèbres avec une nouvelle estime de soi et une profonde appréciation pour la vie qu'elle construisait. Elle a appris à honorer sa résilience, à reconnaître la force qu'il lui fallait pour sortir d'une relation toxique et reconstruire sa vie à partir de zéro.

Vivre sans influence narcissique ne consistait pas seulement à couper les liens avec des personnes toxiques, il s'agissait également de cultiver une vie riche en relations positives et solidaires. Tara s'est entourée d'amis qui respectaient ses limites, qui célébraient ses succès et la relevaient lorsqu'elle était en difficulté. Elle a réappris à faire confiance, à ouvrir son cœur à de nouvelles possibilités sans craindre d'être blessée.

Elle a également compris l'importance d'une conscience de soi continue et du développement personnel. Les cicatrices des abus narcissiques n'ont pas simplement disparu ; ils nécessitaient des soins et une attention continus. Tara s'est engagée envers elle-même à continuer de grandir, de continuer à apprendre et de ne jamais se contenter de rien de moins que ce qu'elle méritait. Elle a suivi une thérapie, pratiqué la pleine conscience et participé à des activités qui lui ont apporté joie et épanouissement.

Dans les moments de doute, Tara se rappelait tous les progrès qu'elle avait réalisés. Elle n'était plus la femme qui avait été contrôlée et manipulée ; c'était une femme qui connaissait sa valeur, qui avait pris le contrôle de sa vie et de son destin. Et chaque jour qui passait, elle se sentait plus en mesure de continuer sur ce chemin de guérison et de croissance.

Alors que Tara regardait vers l'avenir, elle savait que son voyage était loin d'être terminé. Il y aurait toujours de nouveaux défis, de nouvelles opportunités de croissance. Mais elle savait aussi qu'elle disposait des outils nécessaires pour faire face à tout ce qui lui arrivait. Elle était plus forte, plus sage et plus résiliente que jamais. Et à chaque pas qu'elle faisait, non seulement elle s'autonomise, mais elle ouvrait également la voie aux autres pour qu'ils fassent de même.

En fin de compte, l'histoire de Tara a été celle d'un triomphe – non seulement face au narcissique qui avait tenté de la contrôler, mais aussi face aux doutes et aux peurs qui l'avaient autrefois retenue. Elle avait récupéré sa vie et, ce faisant, elle avait découvert un but plus grand qu'elle-même. Elle était devenue une lueur d'espoir pour les autres, un rappel que même dans les moments les plus sombres, il y a toujours un moyen d'avancer.

Et alors qu'elle entrait dans ce nouveau chapitre de sa vie, Tara se sentait prête à embrasser tout ce que l'avenir lui réservait, sachant qu'elle avait le pouvoir de créer une vie qui était vraiment la sienne.

Conclusion

Avancer avec force et résilience

Alors que nous arrivons à la fin de ce voyage transformateur, il est important de prendre un moment pour réfléchir au chemin parcouru. Tout au long de ce livre, vous avez découvert les complexités du trouble de la personnalité narcissique (NPD), l'impact dévastateur qu'il peut avoir sur les personnes engagées dans des relations avec des narcissiques et, plus important encore, les mesures que vous pouvez prendre pour reprendre votre vie en main. Votre parcours n'a pas été facile, mais chaque chapitre que vous avez lu, chaque aperçu que vous avez acquis vous a rapproché de la liberté et de l'autonomisation que vous méritez.

Un message d'espoir

En fermant ce livre, sachez que votre voyage ne s'arrête pas là : il ne fait que commencer. Vous avez pris des mesures courageuses pour vous éduquer, comprendre la dynamique de l'abus narcissique et récupérer votre pouvoir. Ces étapes sont importantes et serviront de base au prochain chapitre de votre vie.

N'oubliez pas que la guérison n'est pas linéaire et qu'il peut y avoir des jours où le chemin à parcourir semble intimidant. Mais dans ces moments-là, rappelez-vous la force qui vous a amené jusqu'ici. Vous n'êtes pas défini par les abus que vous avez subis ; vous êtes défini par votre résilience, votre courage et votre engagement inébranlable à vivre une vie libre de manipulation et de contrôle.

L'amour-propre est au cœur de ce voyage. C'est le carburant qui vous permettra de tenir le coup lorsque les temps sont durs. Prenez le temps d'entretenir votre relation avec vous-même, d'honorer vos besoins et de célébrer votre croissance. Vous méritez tout l'amour, le respect et la gentillesse que vous accordez aux autres, alors assurez-vous de le donner également à vous-même.

Et rappelez-vous, vous n'êtes pas seul. Il existe une vaste communauté de survivants, de défenseurs et de sympathisants qui sont là pour vous soutenir, partager leurs histoires et vous rappeler que la guérison est possible. Tendez la main, connectez-vous et trouvez de la force dans le pouvoir collectif de ceux qui ont parcouru ce chemin avant vous.

À mesure que vous avancez, gardez ce message d'espoir près de votre cœur : vous avez le pouvoir de créer la vie que vous souhaitez, de construire des relations saines et épanouissantes et de continuer à devenir la personne que vous avez toujours été censé être. Ce voyage peut être difficile, mais c'est aussi l'une des expériences les plus enrichissantes que vous ayez jamais vécues.

Alors, respirez profondément, tenez-vous droit et abordez votre avenir en toute confiance. Vous avez déjà surmonté beaucoup de choses et le meilleur reste à venir. Le monde attend la personne incroyable et autonome que vous devenez – et il n'y a aucune limite à ce que vous pouvez réaliser.

www.ingramcontent.com/pod-product-compliance
Lightning Source LLC
Chambersburg PA
CBHW070846250726
48662CB00003B/1389